COMPRENDRE
LA LITTÉRATURE

MIXTE
Papier issu de sources responsables
Paper from responsible sources
FSC® C105338

CHODERLOS DE LACLOS

Les Liaisons dangereuses

Étude de l'œuvre

© Comprendre la littérature.

1 rue Honoré - 93500 Pantin.

ISBN 978-2-75930-476-9

Dépôt légal : Février 2020

Impression Books on Demand GmbH

In de Tarpen 42

22848 Norderstedt, Allemagne

SOMMAIRE

- Biographie de Choderlos de Laclos.......................... 9

- Présentation des *Liaisons dangereuses*.................... 15

- Résumé du roman... 21

- Les raisons du succès.. 31

- Les thèmes principaux... 37

- Étude du mouvement littéraire................................. 45

- Dans la même collection.. 51

BIOGRAPHIE DE CHODERLOS DE LACLOS

Né à Amiens le 18 octobre 1741 dans une famille de robe récemment anoblie et sans grande fortune, Pierre Choderlos de Laclos est très tôt orienté vers une carrière « utile » et stable : l'armée. Ce choix n'est pas seulement social, il est aussi intellectuel, car l'artillerie – arme technique, mathématique, d'ingénieurs – convient à un esprit méthodique, porté vers les problèmes concrets et les systèmes. À dix-huit ans, il entre à l'École royale d'artillerie de La Fère, où il reçoit une formation exigeante (balistique, fortification, calcul), puis gravit les premiers échelons : aspirant, sous-lieutenant, lieutenant.

La guerre ne lui offre pourtant pas le théâtre héroïque qu'il espère. Après la fin de la guerre de Sept Ans, il se retrouve, comme tant d'officiers, assigné à une vie de garnison : La Rochelle, Toul, Strasbourg, Grenoble, Besançon… Cette routine militaire, où l'avancement est lent, alimente une ambition frustrée : il veut « faire un ouvrage qui sortît de la route ordinaire, qui fît du bruit » (formule souvent retenue par la tradition biographique). C'est dans ce contraste – discipline, hiérarchie, patience d'un côté ; désir de puissance et de singularité de l'autre – que se forme son double profil : officier-technicien, mais aussi observateur aigu des stratégies humaines.

Pendant ces années, il fréquente la franc-maçonnerie (très présente chez les officiers) et écrit en marge de son service : poésies légères, essais, projets divers. Il tente même la scène avec l'opéra-comique *Ernestine* (musique du Chevalier de Saint-Georges), qui se solde par un échec retentissant – expérience utile, malgré tout, pour comprendre le monde des salons, des réputations, et la violence du jugement public.

À la charnière des années 1779-1781, sa carrière militaire l'envoie sur le littoral atlantique, notamment à Île d'Aix, dans le contexte de la rivalité avec la Grande-Bretagne et des débats sur la fortification. Il travaille sous l'influence (et la protection) du marquis de Marc-René de Montalembert, théoricien de solutions nouvelles : c'est un moment décisif, parce que Laclos voit de l'intérieur comment une « innovation » peut devenir une affaire d'ego, d'écoles rivales, de réseaux, de publications – bref, une bataille aussi politique que technique.

C'est aussi là, dans une relative solitude propice au travail, qu'il rédige l'essentiel du roman *Les Liaisons dangereuses*, publié en 1782. Le scandale est immédiat : non pas seulement parce que le roman montre le vice, mais parce qu'il le montre avec une lucidité froide, en dévoilant des méthodes (d'approche, de persuasion, de pression morale) que la bonne société préfère ignorer publiquement. Le libertinage n'y est pas « pittoresque » : il est stratégique, comme une campagne militaire, avec reconnaissance, manœuvres, sièges, redditions. Cette transposition de la pensée tactique (celle d'un artilleur) dans l'analyse des comportements fait partie de ce qui rend l'ouvrage si neuf – et si dérangeant.

Pour autant, Laclos ne devient pas écrivain « professionnel ». Il retourne à l'armée, passe par La Rochelle (travaux d'arsenal) et, sur le plan privé, s'attache à Marie-Soulange Duperré, qu'il épouse en 1786 après une relation déjà engagée. Mais la même année, son tempérament de polémiste technique refait surface : sa *Lettre à MM. de l'Académie française sur l'éloge de Vauban* (1786) critique, au nom d'idées nouvelles, l'héritage sacralisé de Sébastien Le Prestre de Vauban. Dans une institution militaire où Vauban est quasi intouchable, le geste est perçu comme une insolence : Laclos est rappelé à l'ordre, déplacé, « remis à la discipline ». Ce moment éclaire un trait constant : il supporte mal les dogmes, qu'ils soient moraux, littéraires ou militaires.

À la veille de 1789, un autre virage s'opère : il entre au

service de Louis Philippe II d'Orléans (duc d'Orléans), s'installe dans l'orbite du Palais-Royal et participe activement à la vie politique naissante : réseaux, presse, organisation d'influence, proximité avec le club des Jacobins. C'est une période où sa compétence d'organisateur (papier, logistique, discipline des équipes, circulation des textes) compte autant que ses idées. La Révolution, pour lui, n'est pas qu'un événement : c'est un immense terrain d'opérations, où se mêlent calcul, ambition, dangers, retournements.

Quand la guerre révolutionnaire s'intensifie, Laclos retrouve sa spécialité : on lui confie des missions d'artillerie et d'organisation (notamment autour de 1792), puis sa trajectoire se brise sur les soupçons et les purges. Accusé dans le climat explosif des affaires de trahison et de factions, il est arrêté, détenu, relâché, puis de nouveau arrêté en 1793 au titre des lois sur les suspects. Dans la prison, il survit en « technicisant » encore : il enseigne, calcule, rédige, et surtout poursuit l'idée du « boulet creux », destiné à accroître l'efficacité des tirs (notamment contre des cibles comme les navires). Sa sortie n'est pas une réhabilitation immédiate : c'est une respiration précaire dans un monde où une relation, une protection, un changement de vent politique peuvent décider de la vie ou de la mort.

Après Thermidor, il revient à une existence plus administrative (fonctions civiles) tout en cherchant à faire reconnaître ses travaux techniques. Le coup d'État de Napoléon Bonaparte (18 Brumaire) lui ouvre une dernière phase : le régime consulaire valorise les compétences, notamment celles des artilleurs. Laclos obtient sa réintégration au plus haut niveau, devient général de brigade, sert sur différents théâtres et finit par être envoyé dans le sud de l'Italie, dans le cadre des dispositifs français en Méditerranée.

La fin est militaire et brutale : à Taranto, en 1803, il tombe gravement malade et meurt le 5 septembre, la dysenterie étant la cause la plus couramment retenue (souvent évoquée dans le contexte des conditions sanitaires éprouvantes de la région et des campagnes). Ainsi s'achève la vie d'un homme paradoxal : auteur d'un des romans les plus incisifs du XVIIIe siècle, mais longtemps resté, dans sa propre image, un officier de science et d'action, dont l'existence aura été rythmée par les garnisons, les querelles doctrinales, les révolutions politiques et, jusqu'au bout, la guerre.

PRÉSENTATION DES LIAISONS DANGEREUSES

Les Liaisons dangereuses se présente comme un roman d'une rigueur et d'une complexité remarquables, dont l'originalité tient avant tout à la manière dont l'histoire est racontée et organisée. Le récit ne progresse pas par un narrateur unique ni par une voix omnisciente qui guiderait le lecteur : il se construit exclusivement à travers une suite de lettres échangées entre les personnages. Ce choix impose d'emblée une lecture active, car le lecteur doit sans cesse reconstituer les faits, les intentions et les non-dits à partir de points de vue partiels, souvent contradictoires. Chaque lettre est à la fois un fragment d'action, un commentaire sur l'action et un instrument de manipulation, ce qui donne au roman une densité exceptionnelle.

L'intrigue repose sur un réseau d'échanges épistolaires extrêmement maîtrisé. Les lettres ne sont jamais disposées au hasard : leur enchaînement crée des effets de suspens, d'ironie et parfois de décalage cruel entre ce que sait un personnage et ce que le lecteur comprend déjà. Certaines missives répondent directement à celles qui précèdent, d'autres les contredisent ou les détournent, révélant la duplicité des correspondants. Cette progression par recoupements successifs permet à Laclos de multiplier les plans : ce qui semble d'abord une confidence sincère peut se révéler plus tard une mise en scène destinée à tromper un tiers. Ainsi, la correspondance devient un champ de bataille invisible, où chaque mot est calculé, pesé, utilisé comme une arme.

Deux figures dominent cet ensemble : le vicomte de Valmont et la marquise de Merteuil. Leurs lettres occupent une place centrale et donnent au roman son ossature. À travers leurs échanges, le lecteur assiste à l'élaboration des intrigues, aux ajustements stratégiques, aux bilans provisoires des succès et des échecs. Les lettres de Merteuil se distinguent par leur froideur analytique et leur lucidité impitoyable : elle y expose sa vision du monde, fondée sur la dissimulation et le contrôle absolu de soi. Celles de Valmont, en revanche, oscillent entre le cynisme conquérant et une forme de trouble intérieur, notamment lorsqu'il se heurte à la résistance de Madame de Tourvel. Cette variation constante de ton et d'intention empêche toute lecture univoque des personnages.

La construction du roman repose également sur une polyphonie très élaborée. Aux voix dominantes s'ajoutent celles de personnages plus naïfs ou plus vulnérables, comme Cécile de Volanges ou Madame de Tourvel. Leurs lettres, souvent empreintes de sincérité, de maladresse ou de ferveur morale, contrastent violemment avec celles des libertins. Ce contraste accentue l'effet de cruauté : le lecteur perçoit d'autant plus nettement la violence des manipulations que les victimes ignorent tout des pièges qui se referment sur elles. Cette coexistence de registres très différents – calcul, candeur, exaltation religieuse, jalousie, humiliation – donne au roman une richesse psychologique rare.

L'absence de narration directe renforce également l'illusion de réalité. Les lettres donnent l'impression d'un accès immédiat à l'intimité des personnages, comme si le lecteur surprenait des échanges privés qui n'auraient jamais dû être lus. Pourtant, cette impression est constamment mise en crise, car les personnages écrivent souvent en se mettant en scène. Ils se regardent écrire, anticipent l'effet produit sur le destinataire, corrigent leur image. Le texte devient ainsi un lieu de théâtre permanent, où chacun joue un rôle différent selon son correspondant. La vérité n'est jamais donnée frontalement ; elle se déduit, se soupçonne, se recompose à partir des dissonances entre les lettres.

La progression du roman suit une logique d'engrenage. Les intrigues initialement conçues comme des jeux ou des défis prennent peu à peu une ampleur tragique. La multiplication des lettres accélère le rythme du récit à mesure que les conséquences des manipulations deviennent irréversibles. Les aveux, les révélations tardives et les retournements finaux ne sont pas racontés après coup : ils surgissent au cœur même des échanges, parfois de manière brutale, parfois sous la forme d'une lettre qui arrive trop tard. Cette temporalité fragmentée, dépendante des délais et des silences, participe à la tension dramatique.

Enfin, l'organisation d'ensemble conduit à une chute implacable. Les derniers échanges dévoilent la faillite du système libertin lui-même : les stratèges sont pris à leur propre jeu, leurs écrits se retournent contre eux, et ce qui devait rester secret circule, se divulgue, détruit des réputations. Le roman se referme ainsi sur une logique de dévoilement progressif, où l'arme principale des personnages – l'écriture – devient la cause de leur perte. Par cette construction d'une précision presque mathématique, *Les Liaisons dangereuses* s'impose comme une œuvre où raconter une histoire revient avant tout à montrer comment le langage, utilisé pour séduire, tromper et dominer, peut devenir un instrument de destruction.

RÉSUMÉ DU ROMAN

Première partie : Lettres I à L

Cécile Volanges, jeune fille naïve sortie du couvent, découvre brutalement le monde. Promise par sa mère à un mariage arrangé avec le comte de Gercourt, qu'elle ne connaît pas, elle confie ses maladresses et ses inquiétudes à son amie Sophie. Elle tombe peu à peu amoureuse de son maître de musique, le chevalier Danceny, et leurs sentiments s'expriment d'abord avec timidité, puis à travers des lettres de plus en plus passionnées.

La marquise de Merteuil, femme intelligente et cynique, apprend ce projet de mariage avec Gercourt, qu'elle déteste. Elle décide de se venger en faisant corrompre Cécile avant ses noces. Elle encourage donc secrètement l'amour entre Cécile et Danceny, se posant en confidente bienveillante, tout en préparant leur perte.

Pour accomplir cette vengeance, Merteuil sollicite le vicomte de Valmont, libertin célèbre. Celui-ci refuse d'abord : il préfère relever un défi plus glorieux, la conquête de la présidente de Tourvel, femme mariée, pieuse et réputée irréprochable, qu'il rencontre chez sa tante, madame de Rosemonde. Valmont entreprend alors une séduction lente et calculée, feignant la vertu, la sensibilité et même la charité. Son action généreuse envers des paysans pauvres bouleverse profondément Madame de Tourvel, qui commence à douter de ses certitudes.

S'engage alors une lutte morale intense : Valmont multiplie lettres, discours passionnés et ruses, tandis que la présidente oscille entre attirance, culpabilité et peur du scandale. Convaincue de devoir se protéger, elle exige finalement le départ de Valmont, tout en laissant transparaître une sensibilité croissante. Valmont découvre cependant qu'elle l'aime, bien qu'elle refuse encore de se l'avouer.

Parallèlement, la relation entre Cécile et Danceny s'intensifie. Encouragée par Merteuil, Cécile s'abandonne à ses sentiments. Mais lorsqu'elle apprend l'imminence de son mariage avec Gercourt, son trouble augmente. Sous l'influence de la morale religieuse et des conseils manipulateurs de Merteuil, elle rompt brutalement avec Danceny, au nom du devoir.

Madame de Volanges, mère de Cécile et amie de la présidente, joue un rôle d'obstacle en mettant Tourvel en garde contre Valmont. Celui-ci découvre qu'elle est à l'origine de sa disgrâce auprès de la présidente et jure de se venger en frappant là où elle est la plus vulnérable : sa fille.

Ainsi, ces cinquante premières lettres installent un double réseau d'intrigues amoureuses et stratégiques, où l'innocence de Cécile et la vertu de Madame de Tourvel sont progressivement encerclées par l'intelligence, la cruauté et le cynisme de Merteuil et Valmont, annonçant les drames à venir.

Deuxième partie : Lettres LI à LXXXVIII

Les intrigues se resserrent et prennent une tournure plus sombre : la manipulation devient systématique, la cruauté plus consciente, et les libertins affirment pleinement leur domination sur leurs victimes.

La marquise de Merteuil, lassée de la naïveté de Danceny et de la lenteur de son initiation amoureuse, décide de provoquer une crise décisive. Elle exploite les scrupules religieux de Cécile, qui, après une confession, tente de rompre avec son amant par devoir moral. Feignant d'approuver cette rupture, Merteuil organise en réalité une rencontre secrète entre les deux jeunes gens, espérant que l'obstacle moral poussera Danceny à plus d'audace. Mais l'entretien révèle son manque de hardiesse : Cécile s'abandonne davantage que lui, ce qui irrite profondément Merteuil et la convainc qu'il faut désormais former la jeune fille elle-même.

Poussant plus loin sa stratégie, Merteuil provoque volontairement la découverte de la correspondance amoureuse par Madame de Volanges. Sous couvert de vertu et d'amitié, elle met la mère sur la piste des lettres. La sanction est brutale : la correspondance est confisquée, les rencontres interdites, et Cécile est menacée du couvent. Brisée et isolée, la jeune fille se réfugie entièrement dans la confiance de Merteuil, sans soupçonner que celle-ci est l'architecte de sa chute.

Danceny, désespéré, se tourne alors vers Valmont, qu'il croit sincèrement animé d'amitié. Valmont gagne sa confiance et devient l'intermédiaire secret du couple. Il organise la circulation des lettres, renforce sa position de maître du jeu et commence à envisager l'usage stratégique de cette correspondance, qu'elle serve à hâter la perte de Cécile ou à la compromettre plus tard. À l'instigation de Merteuil, Cécile est envoyée à la campagne chez Madame de Rosemonde, déplacement qui permet à Valmont de rester au cœur de l'intrigue tout en se rapprochant à nouveau de la présidente de Tourvel.

L'amour entre Cécile et Danceny se poursuit alors dans l'absence et l'angoisse. Danceny se plaint de l'éloignement, du silence et de l'inaction de Valmont, devenant jaloux et inquiet. Cécile, au contraire, se montre patiente et fidèle, décrivant les dangers et les ruses nécessaires pour écrire et recevoir des lettres. Valmont, sous prétexte de prudence et de bienveillance, renforce son emprise sur elle, allant jusqu'à proposer un stratagème dangereux – le vol et la copie de la clef de sa chambre – afin de permettre des rencontres nocturnes. Pour la première fois toutefois, Cécile hésite et refuse, effrayée par le risque et guidée par un reste de morale.

Parallèlement, la lutte entre Valmont et la présidente de Tourvel atteint une intensité dramatique. Valmont multiplie les lettres passionnées, cherchant à transformer l'amitié offerte par la présidente en amour avoué. Il feint l'humilité, invoque le sacrifice et la sensibilité, et exerce une pression morale constante. Madame de Tourvel résiste avec lucidité : elle dénonce l'incohérence et le danger de Valmont, réaffirme sa fidélité conjugale et déclare qu'elle préfère se sacrifier elle-même plutôt que de trahir ses devoirs. Leur correspondance révèle un affrontement psychologique violent, où la vertu tente de se défendre contre une séduction savamment calculée.

Dans le même temps se déploie l'épisode capital de l'affaire Prévan. Contre l'avis de Valmont, Merteuil décide de séduire puis de perdre cet homme réputé dangereux. Elle mène son entreprise avec une froide précision : feinte de faiblesse, simulation du désir, mise en scène de la confidence, puis retournement brutal. Elle piège Prévan chez elle, provoque un scandale public, le fait arrêter et ruine sa réputation, tout en apparaissant aux yeux du monde comme une victime vertueuse. Ce triomphe confirme son intelligence stratégique et son cynisme absolu.

Merteuil se dévoile alors pleinement dans une longue lettre-manifeste, où elle expose sa philosophie personnelle : mépris des hommes, refus de la sensibilité, culte de la maîtrise de soi et de la dissimulation. Elle revendique s'être construite comme une œuvre de raison et d'observation, et se pose en stratège du pouvoir social et sexuel, opposant son intelligence calculatrice à la naïveté des femmes sensibles et à l'arrogance masculine.

Ces lettres montrent donc l'enfermement progressif de Cécile dans un réseau de manipulation, la souffrance croissante de Danceny, l'approche dangereuse de la chute pour Madame de Tourvel, et surtout l'affirmation éclatante de Merteuil comme figure centrale du mal, maîtresse du scandale, des individus et de l'opinion. Elles constituent une étape décisive dans la marche tragique du roman.

Troisième partie : Lettres LXXXIX à CXXIV

Dans cet ensemble de lettres, l'intrigue franchit un seuil décisif : la séduction cesse d'être un jeu pour devenir un système de domination totale, où la morale, l'amour et même la religion sont retournés contre ceux qui y croient.

Valmont impose progressivement son emprise. En attisant la jalousie de Danceny, il l'amène à douter de Cécile et à exiger des preuves d'amour, ce qui place la jeune fille sous une pression affective et morale insupportable. Croyant protéger son amour, Cécile se livre à Valmont, qui utilise la peur du scandale, la honte et la confusion des sentiments pour obtenir sa soumission. Sa chute n'est ni brutale ni assumée : elle est progressive, rationalisée, et vécue comme une fatalité. La jeune fille, brisée mais encore naïve, commence à confondre contrainte et consentement, faute et nécessité.

Merteuil apparaît alors comme la véritable maîtresse du dispositif. Elle transforme la violence subie par Cécile en leçon de conduite, ridiculise sa honte et lui enseigne l'art du double jeu : préserver l'apparence de la vertu tout en exploitant les avantages du vice. Elle inculque à la jeune fille le mensonge, le calcul et l'écriture stratégique, faisant de la soumission une prétendue intelligence sociale. En parallèle, elle neutralise Madame de Volanges par un discours faussement moral, la poussant à maintenir le mariage avec Gercourt au nom de la prudence et de l'autorité, tout en sachant Cécile désormais compromise. Elle gouverne ainsi à la fois les consciences par le langage et les corps par l'intrigue.

La présidente de Tourvel, quant à elle, vit le drame le plus intérieur. Aimant Valmont sans réserve, elle tente de sauver sa vertu par la fuite et le silence. Mais Valmont retourne même ce retrait contre elle : il feint la maladie, la conversion et le repentir, allant jusqu'à passer par un confesseur pour obtenir une dernière entrevue. Tourvel, persuadée qu'il ne l'aime plus et qu'il revient à la vertu, accepte cette rencontre comme une humiliation nécessaire, espérant tuer son amour par la souffrance. Isolée, surveillée et privée du droit de refuser sans culpabilité, elle est moralement brisée, bien que sa conduite reste irréprochable.

Danceny, enfin, devient un instrument docile. Aveuglé par la jalousie puis fasciné par l'autorité morale de Merteuil, il perd toute lucidité et glisse sans s'en rendre compte d'amant sincère à objet de calcul.

Cette troisième partie montre une inversion complète des valeurs : la vertu sert à condamner, la religion à tromper, l'amitié à séduire, et l'amour à asservir. Cécile est livrée et façonnée, Tourvel souffre et se sacrifie, Danceny est manipulé, tandis que Merteuil et Valmont dominent en apparence. Mais cette domination même révèle leurs excès : l'obsession de Valmont et le cynisme absolu de Merteuil annoncent déjà que leur triomphe porte en lui les conditions de leur chute.

Quatrième partie : Lettres CXXV à CLXXV

Dans la dernière partie du roman, l'intrigue passe de la cruauté privée au désastre public : ce qui n'était qu'un jeu de domination devient une mécanique de ruine, où l'amour sincère est broyé et où les libertins finissent eux-mêmes emportés par leur logique.

Valmont, après avoir « vaincu » Madame de Tourvel, découvre un trouble qu'il refuse de nommer : la conquête ne l'a pas vidé, signe qu'il aime réellement. Merteuil comprend aussitôt cette faiblesse et transforme l'amour naissant de Valmont en point d'attaque. Par orgueil, par défi, et pour prouver sa prétendue liberté, Valmont accepte de sacrifier Tourvel : il la brise par une rupture cynique et humiliante, réduisant leur relation à un caprice. Tourvel, qui croyait à une rédemption par l'amour, s'effondre : honte, isolement, maladie, délire. Sa dégradation morale devient physique, jusqu'à la mort, marquée par une résignation religieuse qui souligne davantage encore la violence qu'elle a subie.

Pendant que Tourvel agonise, la guerre entre Valmont et Merteuil s'ouvre définitivement. Danceny, engagé avec Merteuil mais encore naïf, sert de détonateur : Valmont découvre la liaison, se sent trahi, et le rapport de force avec Merteuil bascule dans l'affrontement. Valmont joue alors son dernier coup : il manipule Danceny, l'oriente vers Cécile, et prépare une vengeance indirecte qui repose sur la circulation des lettres.

Le conflit se clôt par un duel entre Valmont et Danceny : Valmont meurt, mais contrôle encore l'issue en remettant à Danceny la correspondance compromettante de Merteuil. Dès lors, la sphère sociale s'empare de ce qui était secret : les lettres circulent, la réputation de Merteuil s'effondre, elle est publiquement humiliée, puis frappée dans son corps (défiguration) et dans ses biens (procès perdu, ruine). Elle fuit, isolée, abandonnée, symbole d'un pouvoir qui se croyait intouchable et que la publicité détruit.

Les survivants se retirent : Danceny, écœuré, part chercher une purification loin du monde ; Cécile, traumatisée, se réfugie au couvent ; Madame de Rosemonde tente de contenir les dégâts en gardant certains secrets, mais trop tard. Le roman se ferme ainsi sur une vérité implacable : en voulant réduire les êtres à des instruments, Valmont et Merteuil ont déclenché une chaîne irréversible où l'innocence est détruite, et où la victoire libertine n'aboutit qu'à la mort, au scandale, et au vide.

LES RAISONS
DU SUCCÈS

Le succès immédiat et durable des *Liaisons dangereuses* tient d'abord au moment précis où le roman paraît, à une société arrivée à un point de tension extrême entre apparence et réalité. À la fin du XVIIIe siècle, l'aristocratie vit encore dans le raffinement des salons, de la conversation brillante et des codes de politesse, mais ce monde est déjà miné de l'intérieur par la défiance, la lassitude morale et la conscience diffuse de son propre épuisement. Laclos propose alors un roman qui donne l'illusion de montrer ce milieu de l'intérieur, sans distance morale affichée, sans narrateur pour juger, et surtout sans embellissement. Le public reconnaît immédiatement ses pratiques : les mariages arrangés comme celui de Cécile avec Gercourt, l'importance capitale de la réputation, la surveillance constante exercée sur les femmes, la toute-puissance masculine maquillée en galanterie, mais aussi la violence réelle exercée sous des formes policées. Le roman choque parce qu'il ne décrit rien d'inconnu, mais parce qu'il met en pleine lumière ce que chacun sait et tait. La figure de la marquise de Merteuil, par exemple, fascine autant qu'elle scandalise, car elle révèle ce qu'une femme intelligente doit devenir pour survivre dans un monde dominé par les hommes : dissimulation, calcul, duplicité. À l'inverse, la présidente de Tourvel incarne une morale sincère mais inadaptée à ce milieu, et sa destruction progressive agit comme une accusation implicite de l'ordre social qui la rend possible. Cette mise à nu d'un monde sur le point de se fissurer donne au roman une force de témoignage qui dépasse la simple intrigue.

Le livre rencontre aussi un immense écho parce qu'il s'inscrit dans une période de profond renouvellement des formes romanesques. Le public est déjà familier des romans par lettres, qu'il associe à l'expression des sentiments et à l'illusion de sincérité. Laclos détourne ce procédé : là où le lecteur s'attend à des confidences spontanées, il découvre des lettres stratégiques, calculées, parfois mensongères, souvent écrites pour être lues par d'autres que leur destinataire. Une lettre comme celle où Valmont décrit à Merteuil la « conquête » de Tourvel transforme un moment supposé intime en rapport de victoire, presque militaire. Ce renversement des attentes crée un malaise nouveau : le lecteur comprend que l'écriture elle-même est une arme. Le roman captive aussi par la complexité de ses personnages, très éloignés des figures univoques auxquelles on est habitué. Valmont n'est pas seulement un libertin triomphant : il est capable de générosité, d'émotion, de trouble véritable, ce qui rend sa cruauté plus dérangeante encore. Merteuil, loin d'être une simple intrigante, développe une véritable philosophie personnelle, notamment lorsqu'elle raconte comment elle s'est « faite elle-même », en observant les hommes et en transformant leur domination en objet d'étude. Même les personnages supposés secondaires, comme Madame de Volanges ou Danceny, jouent un rôle actif dans la catastrophe finale, ce qui donne au récit une densité rare. Le roman ne se contente pas de raconter une histoire scandaleuse : il interroge la responsabilité individuelle, la liberté morale et les effets destructeurs du jeu social.

Enfin, le succès des *Liaisons dangereuses* s'explique largement par les conditions de diffusion et de réception du livre. Dès sa parution, il circule dans un espace où l'écrit est commenté, partagé, discuté collectivement. Le roman devient un objet de conversation, précisément parce qu'il ressemble à ce qu'il décrit : une circulation de lettres, de secrets, de réputations. Les lecteurs reconnaissent dans la structure même du livre le fonctionnement des rumeurs et des intrigues mondaines. Le scandale joue un rôle décisif : on lit le roman pour y chercher des scènes audacieuses, des révélations choquantes, comme la nuit où Valmont s'introduit chez Cécile ou la lettre de rupture envoyée à Tourvel sur l'ordre de

Merteuil. Mais ce scandale est immédiatement dépassé par un malaise plus profond : chacun peut se demander s'il n'a pas déjà été, à un moment, complice de ce système de manipulation. Le livre est suffisamment audacieux pour choquer, suffisamment intelligent pour retenir, et suffisamment ambigu pour susciter des interprétations opposées. Certains y voient une dénonciation morale, d'autres une œuvre cynique, d'autres encore une analyse lucide des rapports humains. Cette pluralité de lectures, jointe à une intrigue captivante et à une écriture d'une précision redoutable, explique pourquoi le roman ne s'est jamais figé dans son époque. *Les Liaisons dangereuses* continuent de fasciner parce qu'elles montrent que, derrière les formes sociales les plus élégantes, se jouent des rapports de force intemporels, où l'intelligence, le désir et le pouvoir s'entrelacent jusqu'à la destruction.

LES THÈMES PRINCIPAUX

Dans *Les Liaisons dangereuses*, le libertinage ne se présente jamais comme une simple quête de plaisir ou d'émotion. Il est pensé, organisé et pratiqué comme une discipline de domination, où la relation amoureuse devient un espace d'épreuve et de hiérarchie. Chez les deux figures centrales du roman, le vicomte de Valmont et la marquise de Merteuil, séduire n'est ni un élan du cœur ni une réponse au désir : c'est une opération intellectuelle destinée à mesurer et à exhiber une supériorité. L'acte amoureux n'a de valeur que par ce qu'il prouve – la capacité à s'imposer à autrui, à briser une résistance, à imposer sa volonté là où elle semblait impossible.

Valmont illustre cette conception dès qu'il refuse de séduire Cécile Volanges, jugée trop facile et trop insignifiante pour flatter son orgueil. Il lui préfère un défi autrement prestigieux : la présidente de Tourvel, femme mariée, pieuse, reconnue pour sa droiture. Le choix de cette proie n'a rien de sentimental. Il repose sur une logique de grandeur : plus la vertu est reconnue, plus sa chute est glorieuse. Valmont ne cherche donc pas à être aimé, mais à triompher d'un principe moral incarné par une personne. Lorsqu'il parle de Tourvel dans ses lettres, il n'évoque ni sa douceur ni sa sensibilité, mais l'exception qu'elle représente, l'obstacle qu'elle oppose, la réputation qu'elle porte. La relation devient ainsi une entreprise où la conquête vaut moins pour ce qu'elle procure que pour ce qu'elle signifie.

Cette froideur se révèle avec une violence particulière après la victoire. Une fois Tourvel cédée, Valmont éprouve une satisfaction paradoxale, rapidement teintée d'inquiétude. Non parce qu'il se soucie du mal causé, mais parce que la conquête accomplie menace de perdre son sens. Ce trouble est aussitôt né, rationalisé, puis retourné en fierté : il ne s'agirait pas d'un attachement, mais d'une gloire supérieure, d'un succès sans précédent. Ainsi, même l'émotion naissante est réinterprétée comme un signe de puissance, et non comme une faille. Le libertinage, ici, fonctionne comme un système clos qui absorbe toute expérience pour la transformer en preuve de domination.

Chez la marquise de Merteuil, cette logique atteint un degré encore plus radical. Là où Valmont cherche des exploits visibles, elle construit un pouvoir durable, silencieux et total. Pour elle, les relations amoureuses ne sont jamais des fins, mais des instruments. Chaque lien qu'elle noue – avec Valmont, avec Cécile, avec Danceny – est évalué selon ce qu'il permet d'obtenir : influence, ascendant moral, sécurité sociale. Elle ne se définit pas par les hommes qu'elle séduit, mais par la position qu'elle occupe face à eux. Lorsqu'elle évoque son passé, elle insiste sur l'apprentissage patient qui lui a permis de ne dépendre de personne, de ne rien devoir, et surtout de ne jamais être prise au piège d'un sentiment qui limiterait sa liberté.

Le pouvoir qu'elle exerce passe d'abord par la maîtrise de l'information. Savoir avant les autres, savoir plus que les autres, savoir ce que l'autre ignore de lui-même : telle est la base de son autorité. Une confidence devient immédiatement une ressource ; une faiblesse, une possibilité d'action. Cécile, par exemple, n'est pas seulement une jeune fille à former : elle est un terrain d'expérience, un espace où Merteuil peut prouver sa supériorité en façonnant un être humain selon ses intérêts. Chaque progrès de Cécile n'est pas un accomplissement personnel, mais une confirmation de la puissance de celle qui l'a guidée.

Cette domination s'exerce aussi par la gestion du temps et des émotions. Merteuil sait quand répondre, quand se taire, quand différer une promesse ou accélérer un échange. Elle distribue l'attente et l'espoir comme des leviers, créant des déséquilibres qui renforcent son ascendant. Danceny, pourtant sincère et honnête, se trouve ainsi déplacé malgré lui d'un rôle à l'autre, sans jamais maîtriser la position qu'il occupe. Il croit choisir, mais ses choix s'inscrivent toujours dans un cadre qui le dépasse.

À travers ces figures, le roman montre que le libertinage est indissociable d'un exercice du pouvoir. Aimer, dans cet univers, signifie perdre quelque chose : une autonomie, une réputation, une capacité de décision. Celui qui s'engage sincèrement s'expose à devenir inférieur. À l'inverse, celui qui refuse l'attachement conserve l'initiative et la domination. Valmont et Merteuil ne sont pas seulement des séducteurs cyniques : ils sont les représentants d'un monde où les relations humaines sont pensées comme des rapports de force, et où la victoire consiste à sortir indemne là où l'autre est diminué.

Ce qui rend cette vision si inquiétante, c'est qu'elle ne repose pas sur la brutalité, mais sur l'intelligence. Le pouvoir n'est pas imposé par la violence, mais par la supériorité stratégique. Le roman ne glorifie pas ce modèle ; il en montre l'efficacité redoutable et les dégâts irréversibles. En réduisant l'amour à une conquête et la relation à une épreuve de domination, Valmont et Merteuil transforment le lien humain en champ de bataille – un espace où gagner signifie toujours que quelqu'un d'autre a perdu.

Dans *Les Liaisons dangereuses*, la manipulation constitue le moteur secret de l'action et le véritable langage des relations humaines : rien n'est jamais spontané, et presque aucun personnage n'agit pour les raisons qu'il croit siennes. Les lettres, qui semblent offrir un accès direct à l'intimité, sont au contraire des instruments de contrôle : elles sont pensées pour produire un effet précis, provoquer une réaction attendue ou enfermer le destinataire dans une position donnée. Ainsi, lorsque Danceny écrit sous le coup de la jalousie ou du désespoir, il croit exprimer une émotion personnelle, alors qu'il ne fait que réagir à des informations soigneusement filtrées ou suggérées par d'autres ; ses choix, qu'il pense courageux ou sincères, ne sont que des réponses à une mise en scène préalable. Cécile, de son côté, est l'exemple le plus tragique de cette illusion de liberté : convaincue d'obéir à son cœur ou à sa conscience, elle se laisse guider pas à pas, acceptant conseils, silences et demi-vérités comme autant de preuves d'amitié. Cette domination invisible s'inscrit dans un univers où l'apparence prime sur toute réalité morale. Les personnages ne cherchent pas tant à être vertueux qu'à en donner les signes extérieurs : paroles mesurées, gestes conformes, prudence sociale. La marquise de Merteuil pousse ce principe à son extrême logique en faisant de la respectabilité un masque parfaitement maîtrisé ; elle se conforme aux règles, fréquente les cercles convenables, adopte le langage de la bienséance, non par respect des valeurs, mais parce que cette façade lui garantit l'impunité. À l'opposé, la présidente de Tourvel incarne une sincérité dangereuse : incapable de feindre, elle laisse transparaître ses scrupules, ses hésitations, puis ses sentiments, offrant ainsi à ses adversaires une prise constante sur elle. Son incapacité à jouer un rôle la condamne dans un monde où survivre exige de cacher, de retarder, de détourner. C'est dans ce cadre que se déploie le conflit entre vertu et corruption, non comme un combat équitable, mais comme un affrontement profondément déséquilibré. La vertu de Tourvel, fondée sur la cohérence intérieure et la fidélité à des principes, se révèle inadaptée à un univers régi par le calcul ; celle de Cécile, issue de l'ignorance et de l'obéissance, se dissout dès qu'elle est exposée à des discours plus habiles qu'elle. Laclos ne suggère jamais que ces femmes soient moralement inférieures : au contraire, il montre que leur destruction tient à leur isolement et à leur inadéquation face à des adversaires qui ne reconnaissent aucune limite. La corruption, elle, n'est pas seulement un vice individuel, mais une compétence sociale, une forme d'intelligence froide qui sait exploiter les règles communes sans jamais les contester ouvertement. En révélant cette asymétrie, le roman ne se contente pas de condamner les corrupteurs ; il expose la fragilité d'un idéal moral lorsqu'il n'est pas soutenu par la ruse, la prudence ou la solidarité, et laisse au lecteur le malaise d'un monde où la droiture, laissée seule, devient une faiblesse fatale.

Laclos inscrit enfin son roman dans une réflexion profondément pessimiste sur l'irréversibilité des actes et sur l'illusion du contrôle total que s'attribuent certains personnages. Tout au long de l'intrigue, les protagonistes les plus lucides croient maîtriser les conséquences de leurs décisions, persuadés que l'intelligence, l'anticipation et le sang-froid suffisent à dominer le réel. Or le récit montre progressivement que chaque action déclenche une chaîne d'effets qui finit par échapper à toute volonté. Les intrigues, d'abord conçues comme des jeux brillants et abstraits, produisent des blessures bien réelles, puis des ruptures irréparables. La présidente de Tourvel en est l'exemple le plus frappant : son engagement affectif, qu'elle croit pouvoir limiter, réparer ou expier, la conduit à une désagrégation totale de l'esprit et du corps. Une fois la confiance donnée, une fois l'illusion acceptée, aucun retour en arrière n'est possible ; le mal ne réside pas seulement dans la trahison subie, mais dans la conscience d'avoir renoncé à soi-même. À l'autre extrémité, Valmont découvre trop tard que la distance ironique qu'il entretenait avec ses propres actes ne le protège pas. Lui qui pensait pouvoir tout transformer en anecdote ou en victoire symbolique se trouve pris dans un enchaînement qu'il ne maîtrise plus : ses rivalités, ses provocations et ses choix successifs le mènent à une violence réelle, irréversible, dont le duel n'est que l'aboutissement logique. La marquise de Merteuil, quant à elle, illustre une autre forme de cette fatalité : convaincue que la clairvoyance absolue la place au-dessus des lois humaines, elle ne voit pas que l'accumulation de calculs finit par produire une explosion sociale incontrôlable. Sa chute n'est pas le résultat d'une erreur unique, mais d'une somme de décisions apparemment rationnelles qui, mises bout à bout, rendent le scandale inévitable. Même Cécile, pourtant peu consciente de ce qu'elle provoque, subit cette logique implacable : une fois compromise, elle ne peut ni réparer ni effacer ce qui a été fait, et son retrait du monde apparaît moins comme un choix spirituel que comme la seule échappatoire à une histoire devenue insupportable. À travers ces destins, le roman affirme que le cynisme ne constitue pas une armure, que l'intelligence peut se retourner contre elle-même, et que la lucidité, lorsqu'elle se coupe de toute responsabilité morale, devient une force autodestructrice. Rien ne se dissout, rien ne s'annule : chaque acte laisse une trace, et cette accumulation silencieuse conduit inévitablement à la ruine, physique, sociale ou intérieure. Laclos fait ainsi du roman non seulement le récit de passions et de stratégies, mais une démonstration implacable de la gravité du choix humain, dans un monde où comprendre n'empêche ni de souffrir ni de périr.

ÉTUDE DU MOUVEMENT LITTÉRAIRE

Les Liaisons dangereuses s'inscrivent pleinement dans le mouvement des Lumières, tout en occupant une place singulière et parfois dérangeante au sein de ce courant. Le roman paraît en 1782, à un moment où les écrivains cherchent à comprendre l'être humain par l'observation, l'analyse rationnelle et l'examen critique des mœurs sociales. Comme les philosophes de son temps, Laclos s'intéresse moins aux idéaux abstraits qu'aux mécanismes concrets qui gouvernent les comportements : passions, intérêts, rapports de domination, poids des conventions. Son œuvre ne propose pas un modèle moral à imiter, mais une mise à nu méthodique de la société aristocratique et de ses contradictions.

Le lien avec les Lumières apparaît d'abord dans la manière dont le roman repose sur l'intelligence, la lucidité et l'analyse. Valmont et Merteuil sont des personnages typiquement éclairés au sens intellectuel du terme : ils observent, calculent, anticipent, raisonnent sans cesse. Merteuil, en particulier, se présente comme une femme qui s'est « faite elle-même » par l'exercice de la réflexion, de la maîtrise de soi et de l'expérience, refusant toute soumission aveugle aux traditions ou à l'autorité masculine. Cette revendication d'autonomie intellectuelle, même si elle est moralement inquiétante, rejoint une valeur centrale des Lumières : l'émancipation de l'individu par la raison. Laclos montre ainsi jusqu'où cette raison peut aller lorsqu'elle est coupée de toute exigence morale ou collective.

Le choix de la forme épistolaire renforce cette appartenance au mouvement. Le roman par lettres permet de multiplier les points de vue, de confronter des discours contradictoires et de donner au lecteur un rôle actif d'interprète. Aucune voix narrative omnisciente ne vient imposer une vérité définitive : le lecteur doit comparer, déchiffrer, repérer les incohérences, comprendre ce qui se joue derrière les mots. Cette sollicitation constante de l'esprit critique correspond parfaitement à l'idéal des Lumières, qui valorisent le jugement personnel plutôt que l'adhésion passive. Lire *Les Liaisons dangereuses*, c'est exercer sa raison, apprendre à distinguer l'apparence du réel et à mesurer les effets du langage.

Le roman participe aussi de la tradition des Lumières par sa dimension critique. Laclos ne se contente pas de raconter une intrigue scandaleuse : il met en procès une classe sociale, l'aristocratie, présentée comme oisive, cynique et détachée de toute responsabilité morale. Les jeux de séduction, loin d'être anodins, apparaissent comme des pratiques destructrices rendues possibles par un monde où le privilège protège de tout. À travers Valmont et Merteuil, Laclos dévoile les failles d'un ordre social fondé sur l'inégalité, l'hypocrisie et la domination, rejoignant ainsi la démarche des philosophes qui dénoncent les abus de l'Ancien Régime sans toujours proposer explicitement une alternative politique.

Cependant, *Les Liaisons dangereuses* se distinguent des Lumières les plus optimistes. Là où certains philosophes croient au progrès moral de l'humanité par la raison, Laclos adopte une position beaucoup plus sombre. La raison, dans son roman, n'est pas nécessairement un outil de justice ou d'amélioration collective : elle peut devenir une arme de destruction. Merteuil et Valmont sont rationnels, lucides, intelligents, et pourtant profondément nuisibles. Cette vision pessimiste fait du roman une œuvre à la frontière des Lumières, parfois qualifiée de critique interne du mouvement : Laclos montre ce que devient l'esprit analytique lorsqu'il est mis au service de l'égoïsme et du pouvoir.

Enfin, le roman dialogue avec une autre tradition littéraire issue des Lumières : celle du roman d'analyse psychologique et moral. À la manière de Rousseau ou de Prévost, Laclos explore les mouvements intérieurs de ses personnages, leurs contradictions, leurs illusions et leurs aveuglements. Mais là où Rousseau cherche la sincérité et l'authenticité, Laclos montre un monde où la transparence est mortelle et où la lucidité ne sauve personne. Cette radicalité donne aux *Liaisons dangereuses* une place unique : œuvre des Lumières par son intelligence, sa forme et sa portée critique, mais œuvre profondément désenchantée, qui annonce déjà la crise morale et sociale à venir.

Ainsi, le roman appartient pleinement aux Lumières, non comme un manifeste optimiste, mais comme une démonstration implacable de leurs limites. Laclos utilise les outils du mouvement – raison, analyse, esprit critique – pour révéler un monde où ces mêmes outils, privés de conscience morale, conduisent non à l'émancipation, mais à la ruine.

DANS LA MÊME COLLECTION
(par ordre alphabétique)

- **Anonyme**, *La Farce de Maître Pathelin*
- **Anouilh**, *Antigone*
- **Aragon**, *Aurélien*
- **Aragon**, *Le Paysan de Paris*
- **Austen**, *Raison et Sentiments*
- **Balzac**, *Illusions perdues*
- **Balzac**, *La Femme de trente ans*
- **Balzac**, *Le Colonel Chabert*
- **Balzac**, *Le Lys dans la vallée*
- **Balzac**, *Le Père Goriot*
- **Barbey d'Aurevilly**, *L'Ensorcelée*
- **Barbey d'Aurevilly**, *Les Diaboliques*
- **Bataille**, *Ma mère*
- **Baudelaire**, *Les Fleurs du Mal*
- **Baudelaire**, *Petits poèmes en prose*
- **Beaumarchais**, *Le Barbier de Séville*
- **Beaumarchais**, *Le Mariage de Figaro*
- **Beauvoir**, *Mémoires d'une jeune fille rangée*
- **Beckett**, *En attendant Godot*
- **Beckett**, *Fin de partie*
- **Brecht**, *La Noce*
- **Brecht**, *La Résistible ascension d'Arturo Ui*
- **Brecht**, *Mère Courage et ses enfants*
- **Breton**, *Nadja*
- **Brontë**, *Jane Eyre*
- **Camus**, *L'Étranger*
- **Carroll**, *Alice au pays des merveilles*
- **Céline**, *Mort à crédit*

- **Céline**, *Voyage au bout de la nuit*
- **Chateaubriand**, *Atala*
- **Chateaubriand**, *René*
- **Chrétien de Troyes**, *Perceval ou le conte du Graal*
- **Chrétien de Troyes**, *Yvain ou le Chevalier au lion*
- **Cocteau**, *La Machine infernale*
- **Cocteau**, *Les Enfants terribles*
- **Colette**, *Le Blé en herbe*
- **Corneille**, *Le Cid*
- **Crébillon fils**, *Les Égarements du cœur et de l'esprit*
- **Defoe**, *Robinson Crusoé*
- **Dickens**, *Oliver Twist*
- **Du Bellay**, *Les Regrets*
- **Dumas**, *Henri III et sa cour*
- **Duras**, *L'Amant*
- **Duras**, *La Pluie d'été*
- **Duras**, *Un barrage contre le Pacifique*
- **Flaubert**, *Bouvard et Pécuchet*
- **Flaubert**, *L'Éducation sentimentale*
- **Flaubert**, *Madame Bovary*
- **Flaubert**, *Salammbô*
- **Gary**, *La Vie devant soi*
- **Giraudoux**, *Électre*
- **Giraudoux**, *La Guerre de Troie n'aura pas lieu*
- **Gogol**, *Le Mariage*
- **Homère**, *L'Odyssée*
- **Hugo**, *Hernani*
- **Hugo**, *Les Misérables*
- **Hugo**, *Notre-Dame de Paris*
- **Jaccottet**, *À la lumière d'hiver*
- **James**, *Une vie à Londres*
- **Jarry**, *Ubu roi*
- **Kafka**, *La Métamorphose*

- **Kerouac**, *Sur la route*
- **Kessel**, *Le Lion*
- **La Fayette**, *La Princesse de Clèves*
- **Le Clézio**, *Mondo et autres histoires*
- **Levi**, *Si c'est un homme*
- **London**, *Croc-Blanc*
- **London**, *L'Appel de la forêt*
- **Maupassant**, *Boule de suif*
- **Maupassant**, *Le Horla*
- **Maupassant**, *Une vie*
- **Molière**, *Amphitryon*
- **Molière**, *Dom Juan*
- **Molière**, *L'Avare*
- **Molière**, *Le Malade imaginaire*
- **Molière**, *Le Tartuffe*
- **Molière**, *Les Fourberies de Scapin*
- **Musset**, *Les Caprices de Marianne*
- **Musset**, *Lorenzaccio*
- **Musset**, *On ne badine pas avec l'amour*
- **Perec**, *La Disparition*
- **Perec**, *Les Choses*
- **Perrault**, *Contes*
- **Prévert**, *Paroles*
- **Prévost**, *Manon Lescaut*
- **Proust**, *À l'ombre des jeunes filles en fleurs*
- **Proust**, *Albertine disparue*
- **Proust**, *Du côté de chez Swann*
- **Proust**, *Le Côté de Guermantes*
- **Proust**, *Le Temps retrouvé*
- **Proust**, *Sodome et Gomorrhe*
- **Queneau**, *Exercices de style*
- **Quignard**, *Tous les matins du monde*
- **Rabelais**, *Gargantua*

- **Rabelais**, *Pantagruel*
- **Racine**, *Andromaque*
- **Racine**, *Bérénice*
- **Racine**, *Britannicus*
- **Racine**, *Phèdre*
- **Renard**, *Poil de carotte*
- **Rimbaud**, *Une saison en enfer*
- **Sagan**, *Bonjour tristesse*
- **Saint-Exupéry**, *Le Petit Prince*
- **Sarraute**, *Enfance*
- **Sarraute**, *Tropismes*
- **Sartre**, *Huis clos*
- **Sartre**, *La Nausée*
- **Senghor**, *La Belle histoire de Leuk-le-lièvre*
- **Shakespeare**, *Roméo et Juliette*
- **Steinbeck**, *Les Raisins de la colère*
- **Stendhal**, *La Chartreuse de Parme*
- **Stendhal**, *Le Rouge et le Noir*
- **Verlaine**, *Romances sans paroles*
- **Verne**, *Une ville flottante*
- **Verne**, *Voyage au centre de la Terre*
- **Vian**, *J'irai cracher sur vos tombes*
- **Vian**, *L'Écume des jours*
- **Voltaire**, *Candide*
- **Voltaire**, *Micromégas*
- **Voltaire**, *Zadig*
- **Zola**, *Au Bonheur des Dames*
- **Zola**, *L'Argent*
- **Zola**, *L'Assommoir*
- **Zola**, *Nana*
- **Zola**, *Pot-Bouille*